DAS RHEINGOLD
RICHARD WAGNER

Das Rheingold
Copyright © JiaHu Books 2014
First Published in Great Britain in 2013 by Jiahu Books – part of Richardson-Prachai Solutions Ltd, 34 Egerton Gate, Milton Keynes, MK5 7HH
ISBN: 978-1-78435-017-8
Conditions of sale
All rights reserved. You must not circulate this book in any other binding or cover and you must impose the same condition on any acquirer.
A CIP catalogue record for this book is available from the British Library
Visit us at: jiahubooks.co.uk

PERSONEN	5
VORSPIEL UND ERSTE SZENE	7
ZWEITE SZENE	25
DRITTE SZENE	51
VIERTE SZENE	69

PERSONEN

Wotan, Göttervater	bariton
Fricka, Göttin der Ehe	mezzosopraan
Freia, Göttin der Jugend	sopraan
Loge, Gott des Feuers	tenor
Donner, ein Gott	bariton
Froh, ein Gott	tenor
Erda, Urmutter Erde	alt of mezzosopraan
Alberich, Nibelunge	bariton
Mime, Nibelunge	tenor
Fafner, ein Riese	bas
Fasolt, ein Riese	bariton
Woglinde, Rheintochter	sopraan
Wellgunde, Rheintochter	sopraan
Flosshilde, Rheintochter	mezzosopraan

VORSPIEL UND ERSTE SZENE

Auf dem Grunde des Rheines. Grünliche Dämmerung, nach oben zu lichter, nach unten zu dunkler. Die Höhe ist von wogendem Gewässer erfüllt, das rastlos von rechts nach links zu strömt. Nach der Tiefe zu lösen die Fluten sich in einen immer feineren feuchten Nebel auf, so daß der Raum in Manneshöhe vom Boden auf gänzlich frei vom Wasser zu sein scheint, welches wie in Wolkenzügen über den nächtlichen Grund dahinfließt. Überall ragen schroffe Felsenriffe aus der Tiefe auf und grenzen den Raum der Bühne ab; der ganze Boden ist in ein wildes Zackengewirr zerspalten, so daß er nirgends vollkommen eben ist und nach allen Seiten hin in dichtester Finsternis tiefere Schlüfte annehmen läßt. Um ein Riff in der Mitte der Bühne, welches mit seiner schlanken Spitze bis in die dichtere, heller dämmernde Wasserflut hinaufragt, kreist in anmutig schwimmender Bewegung eine der Rheintöchter

WOGLINDE *kreist um das mittlere Riff.*
Weia! Waga!
Woge, du Welle,
walle zur Wiege!
wagala weia!
wallala weiala weia!
WELLGUNDES STIMME *von oben.*
Woglinde, wachst du allein?
WOGLINDE.
Mit Wellgunde wär ich zu zwei.
WELLGUNDE *sie taucht aus der Flut zum Riff herab.*
Laß sehn, wie du wachst!

Sie sucht Woglinde zu erhaschen.

WOGLINDE *entweicht ihr schwimmend.*
Sicher vor dir!

Sie necken sich und suchen sich spielend zu fangen.

FLOSSHILDES STIMME VON OBEN.
Heiala weia!
Wildes Geschwister!
WELLGUNDE.
Floßhilde, schwimm!
Woglinde flieht:
hilf mir die Fließende fangen!
FLOSSHILDE *taucht herab und fährt zwischen die Spielenden.*
Des Goldes Schlaf
hütet ihr schlecht!
Besser bewacht
des Schlummernden Bett,
sonst büßt ihr beide das Spiel!

Mit muntrem Gekreisch fahren die beiden auseinander: Floßhilde sucht bald die eine, bald die andre zu erhaschen; sie entschlüpfen ihr und vereinigen sich endlich, um gemeinsam auf Floßhilde Jagd zu machen. So schnellen sie gleich Fischen von Riff zu Riff, scherzend und lachend. – Aus einer finstren Schlufft ist währenddem Alberich, an einem Riffe klimmend, dem Abgrund entstiegen. Er hält, noch vom Dunkel umgeben, an und schaut dem Spiele der Rheintöchter mit steigendem Wohlgefallen zu.

ALBERICH.
Hehe! ihr Nicker!
wie seid ihr niedlich,
neidliches Volk!
Aus Nibelheims Nacht
naht ich mich gern,
neigtet ihr euch zu mir.

Die Mädchen halten, sobald sie Alberichs Stimme hören, mit dem Spiele ein.

WOGLINDE.
Hei! wer ist dort?
FLOSSHILDE.
Es dämmert und ruft.
WELLGUNDE.
Lugt, wer uns belauscht!

Sie tauchen tiefer herab und erkennen den Nibelung.

WOGLINDE UND WELLGUNDE.
Pfui! der Garstige!
FLOSSHILDE *schnell auftauchend.*
Hütet das Gold!
Vater warnte
vor solchem Feind.

Die beiden andern folgen ihr, und alle drei versammeln sich schnell um das mittlere Riff.

ALBERICH.
Ihr, da oben!
DIE DREI.
Was willst du dort unten?
ALBERICH.
Stör ich eu'r Spiel,
wenn staunend ich still hier steh?
Tauchet ihr nieder,
mit euch tollte
und neckte der Niblung sich gern.

WOGLINDE.
Mit uns will er spielen?
WELLGUNDE.
Ist ihm das Spott?
ALBERICH.
Wie scheint im Schimmer
ihr hell und schön
Wie gern umschlänge
der Schlanken eine mein Arm,
schlüpfte hold sie herab!
FLOSSHILDE.
Nun lach ich der Furcht:
der Feind ist verliebt!

Sie lachen.

WELLGUNDE.
Der lüsterne Kauz!
WOGLINDE.
Laßt ihn uns kennen!

Sie läßt sich auf die Spitze des Riffes hinab, an dessen Fuße Alberich angelangt ist.

ALBERICH.
Die neigt sich herab.
WOGLINDE.
Nun nahe dich mir!

Alberich klettert mit koboldartiger Behendigkeit, doch wiederholt aufgehalten, der Spitze des Riffes zu.

ALBERICH *hastig.*
Garstig glatter
glitschriger Glimmer!
Wie gleit ich aus!
Mit Händen und Füßen
nicht fasse noch halt ich
das schlecke Geschlüpfer!
Feuchtes Naß
füllt mir die Nase –
verfluchtes Niesen!

    Er ist in Woglindes Nähe angelangt.

WOGLINDE *lachend.*
Prustend naht
meines Freiers Pracht!
ALBERICH.
Mein Friedel sei,
du fräuliches Kind!

    Er sucht sie zu umfassen.

WOGLINDE *sich ihm entwindend.*
Willst du mich frei'n,
so freie mich hier!

    Sie taucht zu einem andern Riff auf.

ALBERICH *kratzt sich in den Kopf.*
Oh weh! du entweichst?
Komm doch wieder!
Schwer ward mir,

was so leicht du erschwingst.
WOGLINDE *schwingt sich auf ein drittes Riff in größerer Tiefe.*
Steig nur zu Grund:
da greifst du mich sicher.
ALBERICH *hastig hinabkletternd.*
Wohl besser da unten!
WOGLINDE *schnellt sich rasch aufwärts nach einem höheren Riffe zur Seite.*
Nun aber nach oben!
WELLGUNDE UND FLOSSHILDE *lachend.*
Hahahahaha!
ALBERICH.
Wie fang ich im Sprung
den spröden Fisch?
Warte, du Falsche!

Er will ihr eilig nachklettern.

WELLGUNDE *hat sich auf ein tieferes Riff auf der andern Seite gesenkt.*
Heia, du Holder,
hörst du mich nicht?
ALBERICH *sich umwendend.*
Rufst du nach mir?
WELLGUNDE.
Ich rate dir wohl:
zu mir wende dich,
Woglinde meide!
ALBERICH *indem er hastig über den Bodengrund zu Wellgunde hin klettert.*
Viel schöner bist du
als jene Scheue,
die minder gleißend

und gar zu glatt. –
Nur tiefer tauche,
willst du mir taugen.
WELLGUNDE *noch etwas mehr sich herabsenkend.*
Bin nun ich dir nah?
ALBERICH.
Noch nicht genug!
Die schlanken Arme
schlinge um mich,
daß ich den Nacken
dir neckend betaste,
mit schmeichelnder Brunst
an die schwellende Brust mich dir schmiege!
WELLGUNDE.
Bist du verliebt
und lüstern nach Minne,
laß sehn, du Schöner,
wie bist du zu schaun? –
Pfui! du haariger,
höck'riger Geck!
Schwarzes, schwieliges
Schwefelgezwerg!
Such dir ein Friedel,
dem du gefällst!
ALBERICH *sucht sie mit Gewalt zu halten.*
Gefall ich dir nicht,
dich faß ich doch fest!
WELLGUNDE *schnell zum mittleren Riffe auftauchend.*
Nur fest, sonst fließ ich dir fort!
WOGLINDE UND FLOSSHILDE *lachend.*
Hahahahaha!

ALBERICH *Wellgunden erbost nachzankend.*
Falsches Kind!
Kalter, grätiger Fisch!
Schein ich nicht schön dir,
niedlich und neckisch,
glatt und glau –
hei! so buhle mit Aalen,
ist dir eklig mein Balg!
FLOSSHILDE.
Was zankst du, Alp?
Schon so verzagt?
Du freitest um zwei:
frügst du die dritte,
süßen Trost
schüfe die Traute dir!
ALBERICH.
Holder Sang
singt zu mir her! –
Wie gut, daß ihr
eine nicht seid:
von vielen gefall ich wohl einer,
bei einer kieste mich keine! –
Soll ich dir glauben,
so gleite herab!
FLOSSHILDE *taucht zu Alberich herab.*
Wie törig seid ihr,
dumme Schwestern,
dünkt euch dieser nicht schön?
ALBERICH *hastig ihr nahend.*
Für dumm und häßlich
darf ich sie halten,
seit ich dich Holdeste seh!

FLOSSHILDE.
O singe fort
so süß und fein, –
wie hehr verführt es mein Ohr!
ALBERICH *zutraulich sie berührend.*
Mir zagt, zuckt
und zehrt sich das Herz,
lacht mir so zierliches Lob.
FLOSSHILDE *ihn sanft abwehrend.*
Wie deine Anmut
mein Aug erfreut,
deines Lächelns Milde
den Mut mir labt!

Sie zieht ihn zärtlich an sich.

Seligster Mann!
ALBERICH.
Süßeste Maid!
FLOSSHILDE.
Wärst du mir hold!
ALBERICH.
Hielt ich dich immer.
FLOSSHILDE.
Deinen stechenden Blick,
deinen struppigen Bart,
o säh ich ihn, faßt ich ihn stets!
Deines stachlichen Haares
strammes Gelock,
umflöss' es Floßhilde ewig!
Deine Krötengestalt,
deiner Stimme Gekrächz,

o dürft ich staunend und stumm
sie nur hören und sehn!
WOGLINDE UND WELLGUNDE *sind nahe herab getaucht, lachend.*
Hahahahahaha!
ALBERICH *erschreckt auffahrend.*
Lacht ihr Bösen mich aus?
FLOSSHILDE *sich plötzlich ihm entreißend.*
Wie billig am Ende vom Lied!

Sie taucht mit den Schwestern schnell auf.

WOGLINDE UND WELLGUNDE *lachend.*
Hahahahaha!
ALBERICH *mit kreischender Stimme.*
Wehe! Ach wehe!
O Schmerz! O Schmerz!
Die dritte, so traut,
betrog sie mich auch?
Ihr schmächlich schlaues,
liederlich schlechtes Gelichter!
Nährt ihr nur Trug
ihr treuloses Nickergezücht?
DIE DREI RHEINTÖCHTER.
Wallala! Wallala! Lalaleia, leialalei!
Heia! Heia! haha!
Schäme dich, Albe!
Schilt nicht dort unten!
Höre, was wir dich heißen!
Warum, du Banger,
bandest du nicht
das Mädchen, das du minnst?

Treu sind wir,
und ohne Trug
dem Freier, der uns fängt. –
Greife nur zu,
und grause dich nicht:
in der Flut entfliehn wir nicht leicht.
Wallala! Lalaleia! Leialalei!
Heia! Heia! Hahei!

Sie schwimmen auseinander, hierher und dorthin, bald tiefer, bald höher, um Alberich zur Jagd auf sie zu reizen.

ALBERICH.
Wie in den Gliedern
brünstige Glut
mir brennt und glüht!
Wut und Minne,
wild und mächtig,
wühlt mir den Mut auf. –
Wie ihr auch lacht und lügt,
lüstern lechz ich nach euch,
und eine muß mir erliegen!

Er macht sich mit verzweifelter Anstrengung zur Jagd auf: mit grauenhafter Behändigkeit erklimmt er Riff für Riff, springt von einem zum andern, sucht bald dieses, bald jenes der Mädchen zu erhaschen, die mit lustigem Gekreisch stets ihm ausweichen. – Er strauchelt, stürzt in den Abgrund und klettert dann hastig wieder in die Höhe zu neuer Jagd. Sie neigen sich etwas herab. Fast erreicht er sie, stürzt abermals zurück und versucht es nochmals. – Alberich hält endlich, vor Wut schäumend, atemlos an und streckt die geballte Faust nach den Mädchen hinauf.

ALBERICH.
Fing' eine diese Faust!

Er verbleibt in sprachloser Wut, den Blick aufwärts gerichtet, wo er dann plötzlich von dem folgenden Schauspiel angezogen und gefesselt wird. – Durch die Flut ist von oben her ein immer lichterer Schein gedrungen, der sich an einer hohen Stelle des mittelsten Riffes allmählich zu einem blendend hellstrahlenden Goldglanz entzündet; ein zauberisch goldenes Licht bricht von hier durch das Wasser.

WOGLINDE.
Lugt, Schwestern!
Die Weckerin lacht in den Grund.
WELLGUNDE.
Durch den grünen Schwall,
den wonnigen Schläfer sie grüßt.
FLOSSHILDE.
Jetzt küßt sie sein Auge,
daß er es öffne.
WELLGUNDE.
Schaut, er lächelt
in lichtem Schein.
WOGLINDE.
Durch die Fluten hin
fließt sein strahlender Stern!
DIE DREI RHEINTÖCHTER *zusammen das Riff anmutig umschwimmend.*
Heiajaheia!
Heiajaheia!
Wallalallala leiajahei!
Rheingold!
Rheingold!
Leuchtende Lust,

wie lachst du so hell und hehr!
Glühender Glanz
entgleißet dir weihlich im Wag!
Heiajahei!
Heiajaheia!
Wache Freund,
wache froh!
Wonnige Spiele
spenden wir dir:
flimmert der Fluß,
flammet die Flut,
umfließen wir tauchend,
tanzend und singend,
im seligen Bade dein Bett!
Rheingold!
Rheingold!
Heiaja heia!
Heiaja heia!
Wallalalala leiajahei!

Mit immer ausgelassenerer Lust umschwimmen die Mädchen das Riff. Die ganze Flut flimmert in hellem Goldglanze.

ALBERICH *dessen Augen, mächtig von dem Glanze angezogen, starr auf dem Golde haften.*
Was ist's, ihr Glatten,
das dort so glänzt und gleißt?
DIE DREI MÄDCHEN.
Wo bist du Rauher denn heim,
daß vom Rheingold nicht du gehört?
WELLGUNDE.
Nicht weiß der Alp
von des Goldes Auge,

das wechselnd wacht und schläft?
WOGLINDE.
Von der Wassertiefe
wonnigem Stern,
der hehr die Wogen durchhellt?
DIE DREI MÄDCHEN.
Sieh, wie selig
im Glanze wir gleiten!
Willst du Banger,
in ihm dich baden,
so schwimm und schwelge mit uns!
Wallala lala leia la lei!
Wallala lalaleia jahei!
ALBERICH.
Eurem Taucherspiele
nur taugte das Gold?
Mir gält' es dann wenig!
WOGLINDE.
Des Goldes Schmuck
schmähte er nicht,
wüßte er all seine Wunder!
WELLGUNDE.
Der Welt Erbe
gewänne zu eigen,
wer aus dem Rheingold
schüfe den Ring,
der maßlose Macht ihm verlieh!
FLOSSHILDE.
Der Vater sagt es,
und uns befahl er
klug zu hüten
den klaren Hort,

daß kein Falscher der Flut ihn entführe:
drum schweigt, ihr schwatzendes Heer!
WELLGUNDE.
Du klügste Schwester,
verklagst du uns wohl?
Weißt du denn nicht,
wem nur allein
das Gold zu schmieden vergönnt?
WOGLINDE.
Nur wer der Minne
Macht versagt,
nur wer der Liebe
Lust verjagt,
nur der erzielt sich den Zauber,
zum Reif zu zwingen das Gold.
WELLGUNDE.
Wohl sicher sind wir
und sorgenfrei,
denn was nur lebt will lieben,
meiden will keiner die Minne.
WOGLINDE.
Am wenigsten er,
der lüsterne Alp;
vor Liebesgier
möcht er vergehn.
FLOSSHILDE.
Nicht furcht ich den,
wie ich ihn erfand:
seiner Minne Brunst
brannte fast mich.
WELLGUNDE.
Ein Schwefelbrand

in der Wogen Schwall,
vor Zorn der Liebe
zischt er laut!
DIE DREI MÄDCHEN.
Wallala! Wallaleia lala!
Lieblichster Albe!
Lachst du nicht auch?
In des Goldes Scheine
wie leuchtest du schön!
O komm, Lieblicher, lache mit uns!
Heiajaheia! Heiajaheia!
Wallalalala leiajahei!

Sie schwimmen lachend im Glänze auf und ab.

ALBERICH *die Augen starr auf das Gold gerichtet, hat dem Geplauder der Schwestern wohl gelauscht.*
Der Welt Erbe
gewänn ich zu eigen durch dich?
Erzwäng ich nicht Liebe,
doch listig erzwäng ich mir Lust?

Furchtbar laut.

Spottet nur zu!
Der Niblung naht eurem Spiel!

Wütend springt er nach dem mittleren Riff hinüber und klettert nach dessen Spitze hinauf. – Die Mädchen fahren kreischend auseinander und tauchen nach verschiedenen Seiten hin auf.

DIE DREI RHEINTÖCHTER.
Heia! Heia! Heiajahei!

Rettet euch!
Es raset der Alp;
in den Wassern sprüht's,
wohin er springt –
die Minne macht ihn verrückt!

Lachend.

Hahahahahahaha!
ALBERICH *gelangt mit einem letzten Satze zur Spitze.*
Bangt euch noch nicht? –
So buhlt nun im Finstern,
feuchtes Gezücht!

Er streckt die Hand nach dem Gold aus.

Das Licht lösch ich euch aus,
entreiße dem Riff das Gold,
schmiede den rächenden Ring; –
denn hör es die Flut:
so verfluch ich die Liebe!

Er reißt mit furchtbarer Gewalt das Gold aus dem Riffe und stürzt dann hastig in die Tiefe, wo er schnell verschwindet. Dichte Nacht bricht plötzlich überall herein. Die Mädchen tauchen jach dem Räuber in die Tiefe nach.

FLOSSHILDE.
Haltet den Räuber!
WELLGUNDE.
Rettet das Gold!
WOGLINDE UND WELLGUNDE.
Hilfe! Hilfe!

DIE DREI RHEINTÖCHTER.
Weh! Weh!

Die Flut fällt mit ihnen nach der Tiefe hinab. Aus dem untersten Grunde hört man Alberichs gellendes Hohngelächter. In dichtester Finsternis verschwinden die Riffe, die ganze Bühne ist von der Höhe bis zur Tiefe von schwarzem Gewoge erfüllt, das eine Zeitlang immer nach abwärts zu sinken scheint. – Allmählich sind die Wogen in Gewölk übergegangen, welches, als eine immer heller dämmernde Beleuchtung dahintertritt, zu feinerem Nebel sich abklärt. Als der Nebel, in zarten Wölkchen, sich gänzlich in der Höhe verliert, wird,

im Tagesgrauen, eine freie Gegend auf Bergeshöhen sichtbar. – Wotan, und neben ihm Fricka, beide schlafend, liegen zur Seite auf blumigem Grunde

ZWEITE SZENE

Freie Gegend auf Bergeshöhen
Der hervorbrechende Tag beleuchtet mit wachsendem Glanze eine Burg mit blinkenden Zinnen, die auf einem Felsgipfel im Hintergrunde steht, zwischen diesem und dem Vordergrunde ist ein tiefes Tal, durch das der Rhein fließt, anzunehmen. – Wotan und Fricka schlafend. – Die Burg ist ganz sichtbar geworden. – Fricka erwacht: ihr Auge fällt auf die Burg

FRICKA *erschrocken.*
Wotan, Gemahl! Erwache!
WOTAN *fortträumend.*
Der Wonne seligen Saal
bewachen mir Tür und Tor:
Mannes Ehre,
ewige Macht,
ragen zu endlosem Ruhm!
FRICKA *rüttelt ihn.*
Auf, aus der Träume
wonnigem Trug!
Erwache, Mann, und erwäge!
WOTAN *erwacht und erhebt sich ein wenig; sein Blick wird sogleich vom Anblick der Burg gefesselt.*
Vollendet das ewige Werk!
Auf Berges Gipfel
die Götterburg;
prächtig prahlt
der prangende Bau!
Wie im Traum ich ihn trug,
wie mein Wille ihn wies,
stark und schön
steht er zur Schau:

hehrer, herrlicher Bau!
FRICKA.
Nur Wonne schafft dir,
was mich erschreckt?
Dich freut die Burg,
mir bangt es um Freia!
Achtloser, laß dich erinnern
des ausbedungenen Lohns!
Die Burg ist fertig,
verfallen das Pfand:
vergaßest du, was du vergabst?
WOTAN.
Wohl dünkt mich's, was sie bedangen,
die dort die Burg mir gebaut;
durch Vertrag zähmt ich
ihr trotzig Gezücht,
daß sie die hehre
Halle mir schüfen;
die steht nun – Dank den Starken! –
um den Sold sorge dich nicht.
FRICKA.
O lachend frevelnder Leichtsinn!
Liebelosester Frohmut! –
Wußt' ich um euren Vertrag,
dem Truge hätt ich gewehrt;
doch mutig entferntet
ihr Männer die Frauen,
um taub und ruhig vor uns
allein mit den Riesen zu tagen:
so ohne Scham
verschenktet ihr Frechen
Freia, mein holdes Geschwister,

froh des Schächergewerbs! –
Was ist euch Harten
doch heilig und wert,
giert ihr Männer nach Macht!
WOTAN *ruhig.*
Gleiche Gier
war Fricka wohl fremd,
als selbst um den Bau sie mich bat?
FRICKA.
Um des Gatten Treue besorgt
muß traurig ich wohl sinnen,
wie an mich er zu fesseln,
zieht's in die Ferne ihn fort:
herrliche Wohnung,
wonniger Hausrat
sollten dich binden
zu säumender Rast.
Doch du bei dem Wohnbau sannst
auf Wehr und Wall allein:
Herrschaft und Macht
soll er dir mehren;
nur rastloser'n Sturm zu erregen,
erstand dir die ragende Burg.
WOTAN *lachend.*
Wolltest du Frau
in der Feste mich fangen,
mir Gotte mußt du schon gönnen,
daß, in der Burg
gefangen, ich mir
von außen gewinne die Welt:
Wandel und Wechsel
liebt wer lebt;

das Spiel drum kann ich nicht sparen!
FRICKA.
Liebeloser
leidigster Mann!
Um der Macht und Herrschaft
müßigen Tand
verspielst du in lästerndem Spott
Liebe und Weibes Wert?
WOTAN.
Um dich zum Weib zu gewinnen,
mein eines Auge
setzt ich werbend daran:
wie töricht tadelst du jetzt!
Ehr ich die Frauen
doch mehr als dich freut; –
und Freia, die gute,
geb ich nicht auf,
nie sann dies ernstlich mein Sinn.
FRICKA *mit ängstlicher Spannung in die Szene blickend.*
So schirme sie jetzt:
in schutzloser Angst
läuft sie nach Hilfe dort her.
FREIA *tritt, wie in hastiger Flucht, auf.*
Hilf mir, Schwester!
Schütze mich, Schwäher!
Vom Felsen drüben
drohte mir Fasolt,
mich Holde käm er zu holen.
WOTAN.
Laß ihn drohn! –
Sahst du nicht Loge?

FRICKA.
Daß am liebsten du immer
dem Listigen traust!
Viel Schlimmes schuf er uns schon,
doch stets bestrickt er dich wieder.
WOTAN.
Wo freier Mut frommt,
allein frag ich nach keinem.
Doch des Feindes Neid
zum Nutz sich fügen,
lehrt nur Schlauheit und List,
wie Loge verschlagen sie übt.
Der zum Vertrage mir riet,
versprach mir Freia zu lösen:
auf ihn verlaß ich mich nun.
FRICKA.
Und er läßt dich allein! –
Dort schreiten rasch
die Riesen heran:
Wo harrt dein schlauer Gehilf?
FREIA.
Wo harren meine Brüder,
daß Hilfe sie brächten,
da mein Schwäher die Schwache verschenkt?
Zu Hilfe, Donner!
Hieher, hieher!
Rette Freia, mein Froh!
FRICKA.
Die im bösen Bund dich verrieten,
sie Alle bergen sich nun!

Fasolt und Fafner, beide in riesiger Gestalt, mit starken Pfählen bewaffnet, treten auf.

FASOLT.
Sanft schloß
Schlaf dein Aug;
wir beide bauten
Schlummers bar die Burg.
Mächt'ger Müh
müde nie,
stauten starke
Stein' wir auf;
steiler Turm,
Tür und Tor,
deckt und schließt
im schlanken Schloß den Saal.

Auf die Burg deutend.

Dort steht's,
was wir stemmten,
schimmernd hell
bescheint's der Tag:
zieh nun ein,
uns zahl den Lohn!
WOTAN.
Nennt, Leute, den Lohn;
was dünkt euch zu bedingen?
FASOLT.
Bedungen ist
was tauglich uns dünkt;
gemahnt es dich so matt?
Freia die holde,
Holda die freie –
vertragen ist's,

sie tragen wir heim.
WOTAN *schnell.*
Seid ihr bei Trost
mit eurem Vertrag?
Denkt auf andren Dank:
Freia ist mir nicht feil!
FASOLT *steht, in höchster Bestürzung, eine Weile sprachlos.*
Was sagst du? Ha!
Sinnst du Verrat?
Verrat am Vertrag?
Die dein Speer birgt,
sind sie dir Spiel,
des berat'nen Bundes Runen?
FAFNER.
Getreuster Bruder,
merkst du Tropf nun Betrug?
FASOLT.
Lichtsohn du,
leicht gefügter!
Hör und hüte dich;
Verträgen halte Treu'!
Was du bist,
bist du nur durch Verträge;
bedungen ist,
wohl bedacht deine Macht:
bist weiser du
als witzig wir sind,
bandest uns Freie
zum Frieden du:
all deinem Wissen fluch ich,
fliehe weit deinen Frieden,
weißt du nicht offen,

ehrlich und frei
Verträgen zu wahren die Treu'! –
Ein dummer Riese
rät dir das:
du Weiser, wiss' es von ihm!
WOTAN.
Wie schlau für Ernst du achtest,
was wir zum Scherz nur beschlossen!
Die liebliche Göttin,
licht und leicht,
was taugt euch Tölpeln ihr Reiz?
FASOLT.
Höhnst du uns?
Ha, wie unrecht! –
Die ihr durch Schönheit herrscht,
schimmernd hehres Geschlecht,
wie törig strebt ihr
nach Türmen von Stein,
setzt um Burg und Saal
Weibes Wonne zum Pfand!
Wir Plumpen plagen uns
schwitzend mit schwieliger Hand –
ein Weib zu gewinnen,
das wonnig und mild
bei uns Armen wohne: –
verkehrt nennst du den Kauf?
FAFNER.
Schweig dein faules Schwatzen;
Gewinn werben wir nicht:
Freias Haft
hilft wenig;
doch viel gilt's,

den Göttern sie zu entreißen.

Leise.

Gold'ne Äpfel
wachsen in ihrem Garten,
sie allein
weiß die Äpfel zu pflegen;
der Frucht Genuß
frommt ihren Sippen
zu ewig nie
alternder Jugend:
siech und bleich
doch sinkt ihre Blüte,
alt und schwach
schwinden sie hin,
müssen Freia sie missen.

Grob.

Ihrer Mitte drum sei sie entführt!
WOTAN.
Loge säumt zu lang!
FASOLT.
Schlicht gib nun Bescheid!
WOTAN.
Fordert andern Sold!
FASOLT.
Kein andrer: Freia allein!
FAFNER.
Du da! folge uns!

Fafner und Fasolt dringen auf Freia. – Froh und Donner kommen eilig.

FREIA *fliehend.*
Helft! Helft vor den Harten!
FROH *Freia in seine Arme fassend.*
Zu mir, Freia! –

Zu Fafner.

Meide sie, Frecher!
Froh schützt die Schöne.
DONNER *sich vor die beiden Riesen stellend.*
Fasolt und Fafner, fühltet ihr schon
meines Hammers harten Schlag?
FAFNER.
Was soll das Droh'n?
FASOLT.
Was dringst du her?
Kampf kiesten wir nicht,
verlangen nur unsern Lohn.
DONNER.
Schon oft zahlt ich
Riesen den Zoll.
Kommt her, des Lohnes Last
wäg ich mit gutem Gewicht.

Er schwingt den Hammer.

WOTAN *seinen Speer zwischen den Streitenden ausstreckend.*
Halt, du Wilder!
Nichts durch Gewalt!

Verträge schützt
meines Speeres Schaft: –
spar deines Hammers Heft!
FREIA.
Wehe! Wehe!
Wotan verläßt mich!
FRICKA.
Begreif ich dich noch,
grausamer Mann?
WOTAN *wendet sich ab und sieht Loge kommen.*
Endlich Loge!
Eiltest du so,
den du geschlossen,
den schlimmen Handel zu schlichten?
LOGE *ist im Hintergrunde aus dem Tale heraufgestiegen.*
Wie? Welchen Handel
hätt ich geschlossen?
Wohl was mit den Riesen
dort im Rate du dangst? –
In Tiefen und Höhen
treibt mich mein Hang;
Haus und Herd
behagt mir nicht.
Donner und Froh,
die denken an Dach und Fach,
wollen sie frei'n,
ein Haus muß sie erfreu'n.
Ein stolzer Saal,
ein starkes Schloß,
danach stand Wotans Wunsch.
Haus und Hof,
Saal und Schloß,

die selige Burg,
sie steht nun fest gebaut.
Das Prachtgemäuer
prüft ich selbst,
ob alles fest,
forscht ich genau,
Fasolt und Fafner
fand ich bewährt:
kein Stein wankt im Gestemm.
Nicht müßig war ich,
wie mancher hier;
der lügt, wer lässig mich schilt.
WOTAN.
Arglistig
weichst du mir aus:
mich zu betrügen
hüte in Treuen dich wohl!
Von allen Göttern
dein einz'ger Freund,
nahm ich dich auf
in der übel trauenden Troß: –
Nun red' und rate klug!
Da einst die Bauer der Burg
zum Dank Freia bedangen, –
du weißt, nicht anders
willigt ich ein,
als weil auf Pflicht du gelobtest
zu lösen das hehre Pfand?
LOGE.
Mit höchster Sorge
drauf zu sinnen,
wie es zu lösen,

das – hab ich gelobt.
Doch, daß ich fände,
was nie sich fügt,
was nie gelingt –
wie ließ sich das wohl geloben?
FRICKA *zu Wotan.*
Sieh, welch trugvollem
Schelm du getraut!
FROH *zu Loge.*
Loge heißt du,
doch nenn ich dich Lüge!
DONNER.
Verfluchte Lohe,
dich lösch ich aus!
LOGE.
Ihre Schmach zu decken
schmähen mich Dumme!

Donner holt auf Loge aus.

WOTAN *dazwischen tretend.*
In Frieden laßt mir den Freund!
Nicht kennt ihr Loges Kunst:
reicher wiegt
seines Rates Wert,
zahlt er zögernd ihn aus.
FAFNER.
Nichts gezögert!
Rasch gezahlt!
FASOLT.
Lang währt's mit dem Lohn!

WOTAN *wendet sich hart zu Loge, drängend.*
Jetzt hör; Störrischer!
Halte Stich!
Wo schweifst du hin und her?
LOGE.
Immer ist Undank
Loges Lohn!
Für dich nur besorgt,
sah ich mich um,
durchstöbert im Sturm
alle Winkel der Welt:
Ersatz für Freia zu suchen,
wie er den Riesen wohl recht.
Umsonst sucht ich,
und sehe nun wohl:
in der Welten Ring
nichts ist so reich,
als Ersatz zu muten dem Mann
für Weibes Wonne und Wert!

Alle geraten in Erstaunen und verschiedenartige Betroffenheit.

So weit Leben und Weben,
in Wasser, Erd und Luft,
viel frug ich,
forschte bei Allen,
wo Kraft nur sich rührt,
und Keime sich regen:
was wohl dem Manne
mächt'ger dünk'
als Weibes Wonne und Wert?
Doch so weit Leben und Weben,

verlacht nur ward
meine fragende List:
in Wasser, Erd und Luft
lassen will nichts
von Lieb und Weib. –

Gemischte Bewegung.

Nur Einen sah ich,
der sagte der Liebe ab;
um rotes Gold
entriet er des Weibes Gunst.
Des Rheines klare Kinder
klagten mir ihre Not:
der Nibelung,
Nachtalberich,
buhlte vergebens
um der Badenden Gunst;
das Rheingold da
raubte sich rächend der Dieb:
das dünkt ihm nun
das teuerste Gut,
hehrer als Weibes Huld.
Um den gleißenden Tand,
der Tiefe entwandt,
erklang mir der Töchter Klage:
an dich, Wotan,
wenden sie sich,
daß zu Recht du zögest den Räuber,

Mit wachsender Wärme.

das Gold dem Wasser
wieder gebest,
und ewig es bliebe ihr Eigen. –

Hingebende Bewegung Aller.

Dir's zu melden
gelobt ich den Mädchen:
nun löste Loge sein Wort.
WOTAN.
Törig bist du,
wenn nicht gar tückisch!
Mich selbst siehst du in Not:
wie hülf' ich andern zum Heil?
FASOLT *der aufmerksam zugehört, zu Fafner.*
Nicht gönn ich das Gold dem Alben;
viel Not schon schuf uns der Niblung,
doch schlau entschlüpfte unserm
Zwange immer der Zwerg.
FAFNER.
Neue Neidtat
sinnt uns der Niblung,
gibt das Gold ihm Macht. –
Du da, Loge!
Sag ohne Lug:
was Großes gilt denn das Gold,
daß dem Niblung es genügt?
LOGE.
Ein Tand ist's
in des Wassers Tiefe,
lachenden Kindern zur Lust;
doch, ward es zum runden

Reife geschmiedet,
hilft es zu höchster Macht,
gewinnt dem Manne die Welt.
WOTAN *sinnend.*
Von des Rheines Gold
hört ich raunen:
Beute-Runen
berge sein roter Glanz;
Macht und Schätze
schüf ohne Maß ein Reif.
FRICKA *leise zu Loge.*
Taugte wohl
des gold'nen Tandes
gleißend Geschmeid
auch Frauen zu schönem Schmuck?
LOGE.
Des Gatten Treu'
ertrotzte die Frau,
trüge sie hold
den hellen Schmuck,
den schimmernd Zwerge schmieden,
rührig im Zwange des Reifs.
FRICKA *schmeichelnd zu Wotan.*
Gewänne mein Gatte
sich wohl das Gold?
WOTAN *wie in einem Zustande wachsender Bezauberung.*
Des Reifes zu walten,
rätlich will es mich dünken. –
Doch wie, Loge,
lernt ich die Kunst?
Wie schüf ich mir das Geschmeid!

LOGE.
Ein Runen-Zauber
zwingt das Gold zum Reif;
keiner kennt ihn;
doch Einer übt ihn leicht,
der sel'ger Lieb entsagt.

    Wotan wendet sich unmutig ab.

Das sparst du wohl;
zu spät auch kamst du;
Alberich zauderte nicht.
Zaglos gewann er
des Zaubers Macht:

    Grell.

geraten ist ihm der Ring!
DONNER *zu Wotan.*
Zwang uns Allen
schüfe der Zwerg,
würd ihm der Reif nicht entrissen.
WOTAN.
Den Ring muß ich haben!
FROH.
Leicht errungt
ohne Liebesfluch er sich jetzt.
LOGE *grell.*
Spottleicht,
ohne Kunst, wie im Kinderspiel!
WOTAN.
So rate, wie?

LOGE.
Durch Raub!
Was ein Dieb stahl,
das stiehlst du dem Dieb:
ward leichter ein Eigen erlangt? –
Doch mit arger Wehr
wahrt sich Alberich;
klug und fein
mußt du verfahren,
ziehst den Räuber du zu Recht,
um des Rheines Töchtern
den roten Tand,

Mit Wärme.

das Gold wieder zu geben;
denn darum flehen sie dich.
WOTAN.
Des Rheines Töchter?
Was taugt mir der Rat!
FRICKA.
Von dem Wassergezücht
mag ich nichts wissen;
schon manchen Mann
– mir zum Leid! –
verlockten sie buhlend im Bad.

Wotan steht stumm mit sich kämpfend, die übrigen Götter heften in schweigender Spannung die Blicke auf ihn. – Währenddem hat Fafner bei Seite mit Fasolt beraten.

FAFNER *zu Fasolt.*
Glaub mir, mehr als Freia

frommt das gleißende Gold:
auch ew'ge Jugend erjagt,
wer durch Goldes Zauber sie zwingt. –

Fasolts Gebärde deutet an, daß er sich wider Willen überredet fühlt. – Fafner tritt mit Fasolt wieder an Wotan heran.

Hör, Wotan,
der Harrenden Wort!
Freia bleib euch in Frieden;
leicht'ren Lohn
fand ich zur Lösung:
uns rauhen Riesen genügt
des Niblungen rotes Gold.
WOTAN.
Seid ihr bei Sinn?
Was nicht ich besitze,
soll ich euch Schamlosen schenken?
FAFNER.
Schwer baute
dort sich die Burg:
leicht wird dir's
mit list'ger Gewalt,
(was im Neidspiel nie uns gelang,)
den Niblungen fest zu fah'n.
WOTAN.
Für euch müht' ich
mich um den Alben?
Für euch fing ich den Feind?
Unverschämt
und überbegehrlich
macht euch Dumme mein Dank!

FASOLT *ergreift plötzlich Freia und führt sie mit Fafner zur Seite.*
Hieher, Maid!
In unsre Macht!
Als Pfand folgst du uns jetzt,
bis wir Lösung empfah'n.
FREIA *schreiend.*
Wehe! Wehe! Weh!
FAFNER.
Fort von hier
sei sie entführt!
Bis Abend – achtet's wohl! –
pflegen wir sie als Pfand;
wir kehren wieder;
doch kommen wir,
und bereit liegt nicht als Lösung
das Rheingold licht und rot –
FASOLT.
Zu End ist die Frist dann,
Freia verfallen:
für immer folge sie uns!
FREIA *schreiend.*
Schwester! Brüder!
Rettet! Helft!

Freia wird von den hastig enteilenden Riesen fortgetragen.

FROH.
Auf, ihnen nach!
DONNER.
Breche denn Alles!

Sie blicken Wotan fragend an.

FREIA *aus der Ferne.*
Rettet! Helft!
LOGE *den Riesen nachsehend.*
Über Stock und Stein zu Tal
stapfen sie hin:
durch des Rheines Wasserfurt
waten die Riesen:
Fröhlich nicht
hängt Freia
den Rauhen über den Rücken! –
Heia! hei!
wie taumeln die Tölpel dahin!
Durch das Tal talpen sie hin,
wohl an Riesenheims Mark
erst halten sie Rast. –

Er wendet sich zu den Göttern.

Was sinnt nun Wotan so wild?
Den sel'gen Göttern wie geht's?

Ein fahler Nebel erfüllt mit wachsender Dichtheit die Bühne; in ihm erhalten die Götter ein zunehmend bleiches und ältliches Aussehen; alle stehen bang und erwartungsvoll auf Wotan blickend, der sinnend die Augen an den Boden heftet.

Trügt mich ein Nebel?
Neckt mich ein Traum?
Wie bang und bleich
verblüht ihr so bald!
Euch erlischt der Wangen Licht;
der Blick eures Auges verblitzt! –
Frisch, mein Froh!

noch ist's ja früh! –
Deiner Hand, Donner,
entsinkt ja der Hammer! –
Was ist's mit Fricka?
Freut sie sich wenig
ob Wotans grämlichem Grau,
das schier zum Greisen ihn schafft?
FRICKA.
Wehe! Wehe!
Was ist geschehn?
DONNER.
Mir sinkt die Hand!
FROH.
Mir stockt das Herz!
LOGE.
Jetzt fand ich's! Hört, was euch fehlt!
Von Freias Frucht
genosset ihr heute noch nicht.
Die gold'nen Äpfel
in ihrem Garten,
sie machten euch tüchtig und jung,
aßt ihr sie jeden Tag.
Des Gartens Pflegerin
ist nun verpfändet;
an den Ästen darbt
und dorrt das Obst,
bald fällt faul es herab. –
Mich kümmert's minder;
an mir ja kargte
Freia von je
knausernd die köstliche Frucht:
denn halb so echt nur

bin ich wie, Selige, ihr!

Frei, doch lebhaft und grell.

Doch ihr setztet alles
auf das jüngende Obst:
das wußten die Riesen wohl;
auf euer Leben
legten sie's an:
nun sorgt, wie ihr das wahrt!
Ohne die Äpfel,
alt und grau,
greis und grämlich,
welkend zum Spott aller Welt,
erstirbt der Götter Stamm.
FRICKA *bang.*
Wotan, Gemahl!
Unsel'ger Mann!
Sieh, wie dein Leichtsinn
lachend uns Allen
Schimpf und Schmach erschuf!
WOTAN *mit plötzlichem Entschluß auffahrend.*
Auf, Loge!
Hinab mit mir!
Nach Nibelheim fahren wir nieder:
gewinnen will ich das Gold!
LOGE.
Die Rheintöchter
riefen dich an:
so dürfen Erhörung sie hoffen?
WOTAN *heftig.*
Schweige, Schwätzer!

Freia, die Gute,
Freia gilt es zu lösen!
LOGE.
Wie du befiehlst,
führ ich dich gern:
steil hinab
steigen wir denn durch den Rhein?
WOTAN.
Nicht durch den Rhein!
LOGE.
So schwingen wir uns
durch die Schwefelkluft:
dort schlüpfe mit mir hinein!

Er geht voran und verschwindet seitwärts in einer Kluft, aus der sogleich ein schwefliger Dampf hervorquillt.

WOTAN.
Ihr Andern harrt
bis Abend hier:
verlor'ner Jugend
erjag ich erlösendes Gold!

Er steigt Loge nach in die Kluft hinab. Der aus ihr dringende Schwefeldampf verbreitet sich über die ganze Bühne und erfüllt diese schnell mit dickem Gewölk. Bereits sind die Zurückbleibenden unsichtbar.

DONNER.
Fahre wohl, Wotan!
FROH.
Glück auf! Glück auf!

FRICKA.
O kehre bald
zur bangenden Frau!

Der Schwefeldampf verdüstert sich zu ganz schwarzem Gewölk, welches von unten nach oben steigt; dann verwandelt sich dieses in festes, finstres Steingeklüft, das sich immer aufwärts bewegt, so daß es den Anschein hat, als sänke die Szene immer tiefer in die Erde hinab. Von verschiedenen Seiten her dämmert aus der Ferne dunkelroter Schein auf: wachsendes Geräusch wie von Schmiedenden wird überallher vernommen. – Das Getöse der Ambosse verliert sich. Eine unabsehbar weit sich dahinziehende unterirdische Kluft wird erkennbar, die sich nach allen Seiten hin in enge Schachten auszumünden scheint.

DRITTE SZENE
Nibelheim
Alberich zerrt den kreischenden Mime an den Ohren aus einer Seitenschlufft herbei.

ALBERICH.
Hehe! hehe!
hieher! hieher!
Tückischer Zwerg!
Tapfer gezwickt
sollst du mir sein,
schaffst du nicht fertig,
wie ich's bestellt,
zur Stund das feine Geschmeid!
MIME *heulend.*
Ohe! Ohe!
Au! Au!
Laß mich nur los!
Fertig ist's,
wie du befahlst,
mit Fleiß und Schweiß
ist es gefügt: –
nimm nur die

Grell.

Nägel vom Ohr!
ALBERICH.
Was zögerst du dann,
und zeigst es nicht?

MIME.
Ich Armer zagte,
daß noch was fehle.
ALBERICH.
Was wär noch nicht fertig?
MIME *verlegen.*
Hier – und da –
ALBERICH.
Was hier und da?
Her das Geschmeid!

Er will ihm wieder an das Ohr fahren: vor Schreck läßt Mime ein metallnes Gewirke, das er krampfhaft in den Händen hielt, sich entfallen. Alberich hebt es hastig auf und prüft es genau

Schau, du Schelm!
Alles geschmiedet
und fertig gefügt –
wie ich's befahl.
So wollte der Tropf
schlau mich betrügen?
Für sich behalten
das hehre Geschmeid,
das meine List
ihn zu schmieden gelehrt?
Kenn ich dich, dummer Dieb?

Er setzt das Gewirk als Tarnhelm auf den Kopf.

Dem Haupt fügt sich der Helm:
ob sich der Zauber auch zeigt?

Sehr leise.

»Nacht und Nebel –
Niemand gleich!« –

Seine Gestalt verschwindet; statt ihrer gewahrt man eine Nebelsäule.

Siehst du mich, Bruder?
MIME *blickt sich verwundert um.*
Wo bist du? Ich sehe dich nicht.
ALBERICH *unsichtbar.*
So fühle mich doch,
du fauler Schuft!
Nimm das für dein Diebsgelüst!
MIME *windet sich unter empfangenen Geißelhieben, deren Fall man vernimmt, ohne die Geißel selbst zu sehen*
Ohe! Ohe!
Au! Au! Au!
ALBERICH *lachend, unsichtbar.*
Hahahahahaha!
Hab Dank, du Dummer!
Dein Werk bewährt sich gut! –
Hoho! Hoho!
Niblungen all,
neigt euch nun Alberich!
Überall weilt er nun
euch zu bewachen;
Ruh und Rast
ist euch zerronnen;
ihm müßt ihr schaffen,
wo nicht ihr ihn schaut,
wo ihr nicht ihn gewahrt,
seid seiner gewärtig!
Untertan seid ihr ihm immer!

Grell.

Hoho! Hoho!
hört ihn, er naht:
der Niblungen Herr!

Die Nebelsäule verschwindet dem Hintergrunde zu: man hört in immer weiterer Ferne die tobende Ankunft Alberichs. – Mime ist vor Schmerz zusammen gesunken. Wotan und Loge lassen sich aus einer Schlufft von oben herab.

LOGE.
Nibelheim hier.
Durch bleiche Nebel
was blitzen dort feurige Funken?
MIME *am Boden.*
Au! Au! Au!
WOTAN.
Hier stöhnt es laut:
was liegt im Gestein?
LOGE *sich zu Mime neigend.*
Was Wunder wimmerst du hier?
MIME.
Ohe! Ohe!
Au! Au!
LOGE.
Hei, Mime! Muntrer Zwerg!
Was zwingt und zwackt dich denn so?
MIME.
Laß mich in Frieden!
LOGE.
Das will ich freilich,
und mehr noch, hör!

Helfen will ich dir, Mime.

Er stellt ihn mühsam aufrecht.

MIME.
Wer hälfe mir!
Gehorchen muß ich
dem leiblichen Bruder,
der mich in Bande gelegt.
LOGE.
Dich, Mime, zu binden,
was gab ihm die Macht?
MIME.
Mir arger List
schuf sich Alberich
aus Rheines Gold
einen gelben Reif:
seinem starken Zauber
zittern wir staunend;
mit ihm zwingt er uns alle,
der Niblungen nächt'ges Heer. –
Sorglose Schmiede,
schufen wir sonst wohl
Schmuck unsren Weibern,
wonnig Geschmeid,
niedlichen Niblungentand;
wir lachten lustig der Müh. –
Nun zwingt uns der Schlimme,
in Klüfte zu schlüpfen,
für ihn allein
uns immer zu müh'n.
Durch des Ringes Gold

errät seine Gier,
wo neuer Schimmer
in Schachten sich birgt:
da müssen wir spähen,
spüren und graben,
die Beute schmelzen,
und schmieden den Guß,
ohne Ruh und Rast
dem Herrn zu häufen den Hort.
LOGE.
Dich Trägen soeben
traf wohl sein Zorn?
MIME.
Mich Ärmsten, ach!
mich zwang er zum Ärgsten.
Ein Helmgeschmeid
hieß er mich schweißen;
genau befahl er,
wie es zu fügen.
Wohl merkt ich klug,
welch mächt'ge Kraft
zu eigen dem Werk,
das aus Erz ich wob;
für mich drum hüten
wollt ich den Helm;
durch seinen Zauber
Alberichs Zwang mich entziehn:
vielleicht – ja vielleicht
den Lästigen selbst überlisten,
in meine Gewalt ihn zu werfen;
den Ring ihm zu entreißen,
daß, wie ich Knecht jetzt dem Kühnen,

Grell.

mir Freien er selber dann frön'!
LOGE.
Warum, du Kluger,
glückte dir's nicht?
MIME.

Ach! der das Werk ich wirkte,
den Zauber, der ihm entzuckt,
den Zauber erriet ich nicht recht:
der das Werk mir riet
und mir's entriß,
der lehrte mich nun
– doch leider zu spät –,
welche List läg in dem Helm.
Meinem Blick entschwand er;
doch Schwielen dem Blinden
schlug unschaubar sein Arm.

Heulend und schluchzend.

Das schuf ich mir Dummer
schön zu Dank!

Er streicht sich den Rücken. Wotan und Loge lachen.

LOGE *zu Wotan.*
Gesteh, nicht leicht
gelingt der Fang.
WOTAN.
Doch erliegt der Feind,
hilft deine List!

MIME *betrachtet die Götter aufmerksamer.*
Mit eurem Gefrage,
wer seid denn ihr Fremde?
LOGE.
Freunde dir;
von ihrer Not
befrei'n wir der Niblungen Volk!
MIME *schrickt zusammen, da er Alberich sich wieder nahen hört.*
Nehmt euch in acht.
Alberich naht.

> *Er rennt vor Angst hin und her.*

WOTAN *ruhig sich auf einen Stein setzend.*
Sein harren wir hier.

Alberich, der den Tarnhelm vom Haupte genommen und an den Gürtel gehängt hat, treibt mit geschwungener Geißel aus der unteren, tiefer gelegenen Schlucht aufwärts eine Schar Nibelungen vor sich her: diese sind mit goldenem und silbernem Geschmeide beladen, das sie, unter Alberichs steter Nötigung, all auf einen Haufen speichern und so zu einem Horte häufen.

ALBERICH.
Hieher! Dorthin!
Hehe! Hoho!
Träges Heer!
Dort zu Hauf
schichtet den Hort!
Du da, hinauf!
Willst du voran?
Schmähliches Volk!
Ab das Geschmeide!

Soll ich euch helfen?
Alles hieher!

Er gewahrt plötzlich Wotan und Loge.

He! wer ist dort?
Wer drang hier ein? –
Mime, zu mir!
Schäbiger Schuft!
Schwatzest du gar
mit dem schweifenden Paar?
Fort, du Fauler!
Willst du gleich schmieden und schaffen?

Er treibt Mime mit Geißelhieben in den Haufen der Nibelungen hinein.

He! an die Arbeit!
Alle von hinnen!
Hurtig hinab!
Aus den neuen Schachten
schafft mir das Gold!
Euch grüßt die Geißel,
grabt ihr nicht rasch!
Daß keiner mir müßig,
bürge mir Mime,
sonst birgt er sich schwer
meiner Geißel Schwünge!
Daß ich überall weile,
wo keiner mich wähnt,
das weiß er, dünkt mich, genau! –
Zögert ihr noch?

Zaudert wohl gar? –

Er zieht seinen Ring vom Finger, küßt ihn und streckt ihn drohend aus.

Zittre und zage,
gezähmtes Heer!
Rasch gehorcht
des Ringes Herrn!

*Unter Geheul und Gekreisch stieben die Nibelungen – unter ihnen Mime – auseinander und schlüpfen
nach allen Seiten in die Schachten hinab.*

ALBERICH *betrachtet lange und mißtrauisch Wotan und Loge.*
Was wollt ihr hier?
WOTAN.
Von Nibelheims mächt'gem Land
vernahmen wir neue Mär;
mächt'ge Wunder
wirke hier Alberich;
daran uns zu weiden
trieb uns Gäste die Gier.
ALBERICH.
Nach Nibelheim
führt euch der Neid:
so kühne Gäste,
glaubt, kenn ich gut!
LOGE.
Kennst du mich gut,
kindischer Alp?
Nun sag, wer bin ich,
daß du so bellst?

Im kalten Loch,
da kauernd du lagst,
wer gab dir Licht
und wärmende Lohe,
wenn Loge nie dir gelacht?
Was hülf dir dein Schmieden,
heizt ich die Schmiede dir nicht?
Dir bin ich Vetter
und war dir Freund:
nicht fein drum dünkt mich dein Dank!
ALBERICH.
Den Lichtalben
lacht jetzt Loge,
der list'ge Schelm?
Bist du Falscher ihr Freund,
wie mir Freund du einst warst: –
haha! – mich freut's! –
Von ihnen fürcht ich dann nichts.
LOGE.
So denk ich, kannst du mir trau'n.
ALBERICH.
Deiner Untreu trau ich,
nicht deiner Treu!
Doch getrost trotz ich euch allen.
LOGE.
Hohen Mut
verleiht deine Macht;
grimmig groß
wuchs dir die Kraft!
ALBERICH.
Siehst du den Hort,
den mein Heer

dort mir gehäuft?
LOGE.
So neidlichen sah ich noch nie.
ALBERICH.
Das ist für heut,
ein kärglich Häufchen!
Kühn und mächtig
soll er künftig sich mehren.
WOTAN.
Zu was doch frommt dir der Hort,
da freudlos Nibelheim,
und nichts für Schätze hier feil?
ALBERICH.
Schätze zu schaffen,
und Schätze zu bergen
nützt mir Nibelheims Nacht.
Doch mit dem Hort,
in der Höhle gehäuft,
denk ich dann Wunder zu wirken:
die ganze Welt
gewinn ich mit ihm mir zu eigen!
WOTAN.
Wie beginnst du, Gütiger, das?
ALBERICH.
Die in linder Lüfte Weh'n
da oben ihr lebt,
lacht und liebt: –
mit gold'ner Faust
euch Göttliche fang ich mir Alle!
Wie ich der Liebe abgesagt,
Alles was lebt
soll ihr entsagen!

Mit Golde gekirrt,
nach Gold nur sollt ihr noch gieren!
Auf wonnigen Höh'n,
in seligem Weben
wiegt ihr euch;
den Schwarzalben
verachtet ihr ewigen Schwelger! –
Habt Acht! Habt Acht!
Denn dient ihr Männer
erst meiner Macht,
eure schmucken Frau'n,
die mein Frei'n verschmäht,
sie zwingt zur Lust sich der Zwerg,
lacht Liebe ihm nicht! –

              Wild lachend.

Hahahaha!
Habt ihr's gehört?
Habt Acht!
Habt Acht vor dem nächtlichen Heer,
entsteigt des Niblungen Hort
aus stummer Tiefe zu Tag!
WOTAN *auffahrend.*
Vergeh, frevelnder Gauch!
ALBERICH.
Was sagt der?
LOGE *dazwischen tretend.*
Sei doch bei Sinnen! –
Wen doch faßte nicht Wunder,
erfährt er Alberichs Werk?
Gelingt deiner herrlichen List,

was mit dem Horte du heischest:
den Mächtigsten muß ich dich rühmen,
denn Mond und Stern,
und die strahlende Sonne,
sie auch dürfen nicht anders,
dienen müssen sie dir. –
Doch – wichtig acht ich vor allem,
daß des Hortes Häufer,
der Niblungen Heer,
neidlos dir geneigt?
Einen Reif rührtest du kühn;
dem zagte zitternd dein Volk: –
doch, wenn im Schlaf
ein Dieb dich beschlich',
den Ring schlau dir entriß: –
wie wahrtest du Weiser dich dann?
ALBERICH.
Der Listigste dünkt sich Loge;
andre denkt er
immer sich dumm:
daß sein ich bedürfte
zu Rat und Dienst,
um harten Dank,
das hörte der Dieb jetzt gern!
Den hehlenden Helm
ersann ich mir selbst;
der sorglichste Schmied,
Mime mußt ihn mir schmieden:
schnell mich zu wandeln,
nach meinem Wunsch
die Gestalt mir zu tauschen,
taugt der Helm.

Niemand sieht mich,
wenn er mich sucht;
doch überall bin ich,
geborgen dem Blick.
So ohne Sorge
bin ich selbst sicher vor dir,
du fromm sorgender Freund!
LOGE.
Vieles sah ich,
Seltsames fand ich,
doch solches Wunder
gewahrt ich nie.
Dem Werk ohne Gleichen
kann ich nicht glauben;
wäre dies eine möglich,
deine Macht währte dann ewig!
ALBERICH.
Meinst du, ich lüg
und prahle wie Loge?
LOGE.
Bis ich's geprüft,
bezweifl' ich, Zwerg, dein Wort.
ALBERICH.
Vor Klugheit bläht sich
zum Platzen der Blöde!
Nun plage dich Neid!
Bestimm, in welcher Gestalt
soll ich jach vor dir stehn?
LOGE.
In welcher du willst;
nur mach vor Staunen mich stumm!

ALBERICH *setzt den Helm auf.*
»Riesenwurm
winde sich ringelnd!«

Sogleich verschwindet er. Statt seiner windet sich eine ungeheure Riesenschlange am Boden; sie bäumt sich und sperrt den aufgerissenen Rachen auf Wotan und Loge zu.

LOGE *stellt sich von Furcht ergriffen.*
Ohe! Ohe!
Schreckliche Schlange,
verschlinge mich nicht!
Schone Logen das Leben!
WOTAN.
Hahaha! Hahaha!
Gut, Alberich!
Gut, du Arger!
Wie wuchs so rasch
zum riesigen Wurme der Zwerg!

Die Schlange verschwindet; statt ihrer erscheint sogleich Alberich wieder in seiner wirklichen Gestalt.

ALBERICH.
Hehe! Ihr Klugen!
Glaubt ihr mir nun?
LOGE *mit zitternder Stimme.*
Mein Zittern mag dir's bezeugen!
Zur großen Schlange
schufst du dich schnell:
weil ich's gewahrt,
willig glaub ich dem Wunder.
Doch, wie du wuchsest,

kannst du auch winzig
und klein dich schaffen?
Das Klügste schien mir das,
Gefahren schlau zu entfliehn:
das aber dünkt mich zu schwer!
ALBERICH.
Zu schwer dir,
weil du zu dumm!
Wie klein soll ich sein?
LOGE.
Daß die feinste Klinze dich fasse,
wo bang die Kröte sich birgt.
ALBERICH.
Pah! Nichts leichter!
Luge du her!

Er setzt den Helm auf.

»Krumm und grau
krieche Kröte.«

Er verschwindet: die Götter gewahren im Gestein eine Kröte auf sich zukriechen.

LOGE *zu Wotan.*
Dort, die Kröte!
Greife sie rasch!

Wotan setzt seinen Fuß auf die Kröte: Loge fährt ihr nach dem Kopfe und hält den Tarnhelm in der Hand.

ALBERICH.
Ohe! Verflucht!

Ich bin gefangen!

LOGE.

Halt ihn fest,
bis ich ihn band.

Alberich ist plötzlich in seiner wirklichen Gestalt sichtbar geworden, wie er sich unter Wotans Fuße windet. Loge bindet ihm mit einem Bastseil Hände und Füße.

LOGE.
Nun schnell hinauf:
dort ist er unser!

Den Geknebelten, der sich wütend zu wehren sucht, fassen Beide und schleppen ihn mit sich zu der Kluft, aus der sie herabkamen. Dort verschwinden sie, aufwärts steigend. – Die Szene verwandelt sich, nur in umgekehrter Weise, wie zuvor. Die Verwandlung führt wieder an den Schmieden vorbei. Fortdauernde Verwandlung nach oben.

VIERTE SZENE
Freie Gegend auf Bergeshöhen
Die Aussicht ist noch in fahle Nebel verhüllt wie am Schlusse der zweiten Szene. Wotan und Loge, den gebundenen Alberich mit sich führend, steigen aus der Kluft herauf.

LOGE.
Da, Vetter,
sitze du fest! –
Luge, Liebster,
dort liegt die Welt,
die du Lungrer gewinnen dir willst: –
welch Stellchen, sag
bestimmst du drin mir zum Stall?

Er schlägt tanzend ihm Schnippchen.

ALBERICH.
Schändlicher Schächer!
Du Schalk! Du Schelm!
Löse den Bast,
binde mich los;
den Frevel sonst büßest du Frecher!
WOTAN.
Gefangen bist du,
fest mir gefesselt,
wie du die Welt,
was lebt und webt,
in deiner Gewalt schon wähntest;
in Banden liegst du vor mir –
Du Banger kannst es nicht leugnen!
Zu ledigen dich,

bedarf's nun der Lösung.
ALBERICH.
O ich Tropf!
ich träumender Tor!
Wie dumm traut ich
dem diebischen Trug!
Furchtbare Rache
räche den Fehl!
LOGE.
Soll Rache dir frommen,
vor allem rate dich frei:
dem gebund'nen Manne
büßt kein Freier den Frevel.
Drum sinnst du auf Rache,
rasch ohne Säumen
sorg um die Lösung zunächst!

Er zeigt ihm, Finger schnalzend, die Art der Lösung an.

ALBERICH.
So heischt, was ihr begehrt!
WOTAN.
Den Hort und dein helles Gold.
ALBERICH.
Gieriges Gaunergezücht!

Für sich.

Doch behalt ich mir nur den Ring,
des Hortes entrat ich dann leicht;
denn von neuem gewonnen
und wonnig genährt

ist er bald durch des Ringes Gebot: –
eine Witzigung wär's,
die weise mich macht,
zu teuer nicht zahl ich die Zucht,
laß für die Lehre ich den Tand. –
WOTAN.
Erlegst du den Hort?
ALBERICH.
Löst mir die Hand,
so ruf ich ihn her.

Loge löst ihm die Schlinge an der rechten Hand. Alberich rührt den Ring mit den Lippen und murmelt heimlich einen Befehl.

Wohlan, die Niblungen
rief ich mir nah.
Ihrem Herrn gehorchend
hör ich den Hort
aus der Tiefe sie führen zu Tag: –
nun löst mich vom lästigen Band!
WOTAN.
Nicht eh'r, bis alles gezahlt.

Die Nibelungen steigen aus der Kluft herauf, mit den Geschmeiden des Hortes beladen. Während des Folgenden schichten die Nibelungen den Hort auf.

ALBERICH.
O schändliche Schmach!
daß die scheuen Knechte
geknebelt selbst mich erschau'n! –

Zu den Nibelungen.

Dorthin geführt,
wie ich's befehl!
All zu Hauf
schichtet den Hort!
Helf ich euch Lahmen? –
Hierher nicht gelugt! –
Rasch da! Rasch!
Dann rührt euch von hinnen,
daß ihr mir schafft!
Fort in die Schachten!
Weh euch, treff ich euch faul!
Auf den Fersen folg ich euch nach!

Er küßt seinen Ring und streckt ihn gebieterisch aus. Wie von einem Schlage getroffen drängen sich die Nibelungen scheu und ängstlich der Kluft zu, in der sie schnell hinabschlüpfen.

Gezahlt hab ich;
nun laß mich ziehn:
und das Helmgeschmeid,
das Loge dort hält,
das gebt mir nun gütlich zurück!
LOGE *den Tarnhelm auf den Hort werfend.*
Zur Buße gehört die Beute.
ALBERICH.
Verfluchter Dieb! –
Doch nur Geduld!
Der den alten mir schuf,
schafft einen andern:
noch halt ich die Macht,
der Mime gehorcht.
Schlimm zwar ist's,
dem schlauen Feind

zu lassen die listige Wehr! –
Nun denn! Alberich
ließ euch Alles;
jetzt löst, ihr Bösen, das Band!
LOGE *zu Wotan.*
Bist du befriedigt?
Laß ich ihn frei?
WOTAN.
Ein gold'ner Ring
ragt dir am Finger:
hörst du, Alp? –
der, acht ich, gehört mit zum Hort.
ALBERICH *entsetzt.*
Der Ring?
WOTAN.
Zu deiner Lösung
mußt du ihn lassen.
ALBERICH *bebend.*
Das Leben, doch nicht den Ring!
WOTAN *heftiger.*
Den Reif verlang ich:
mit dem Leben mach was du willst.
ALBERICH.
Lös ich mir Leib und Leben,
den Ring auch muß ich mir lösen;
Hand und Haupt,
Aug und Ohr
sind nicht mehr mein Eigen,
als hier dieser rote Ring!
WOTAN.
Dein Eigen nennst du den Ring?
Rasest du, schamloser Albe?

Nüchtern sag,
wem entnahmst du das Gold,
daraus du den schimmernden schufst?
War's dein Eigen,
was du Arger
der Wassertiefe entwandt?
Bei des Rheines Töchtern
hole dir Rat,
ob ihr Gold sie
zu eigen dir gaben,
das du zum Ring dir geraubt!
ALBERICH.
Schmähliche Tücke!
Schändlicher Trug! –
Wirfst du Schächer
die Schuld mir vor,
die du so wonnig erwünscht?
Wie gern raubtest
du selbst dem Rheine das Gold,
war nur so leicht
die Kunst, es zu schmieden, erlangt?
Wie glückt es nun
dir Gleißner zum Heil,
daß der Niblung ich
aus schmählicher Not,
in des Zornes Zwange,
den schrecklichen Zauber gewann,
des Werk nun lustig dir lacht?
Des Unseligen,
Angstversehrten
fluchfertige,
furchtbare Tat

zu fürstlichem Tand
soll sie fröhlich dir taugen,
zur Freude dir frommen mein Fluch? –
Hüte dich,
herrischer Gott! –
Frevelte ich,
so frevel ich frei an mir: –
doch an Allem, was war,
ist und wird,
frevelst, Ewiger du,
entreißest du frech mir den Ring!
WOTAN.
Her den Ring!
Kein Recht an ihm
schwörst du schwatzend dir zu.

Er ergreift Alberich und entzieht seinem Finger mit heftiger Gewalt den Ring.

ALBERICH *gräßlich aufschreiend.*
Ha! – Zertrümmert! Zerknickt!
Der Traurigen traurigster Knecht!
WOTAN *den Ring betrachtend.*
Nun halt ich, was mich erhebt,
Der Mächtigen mächtigsten Herrn.

Er steckt den Ring an.

LOGE *zu Wotan.*
Ist er gelöst?
WOTAN.
Bind ihn los!

LOGE *löst Alberich vollends die Bande.*
Schlüpfe denn heim!
Keine Schlinge hält dich:
frei fahre dahin!
ALBERICH *sich erhebend.*
Bin ich nun frei?

        Wütend lachend.

Wirklich frei?
So grüß euch denn
meiner Freiheit erster Gruß! –
Wie durch Fluch er mir geriet,
verflucht sei dieser Ring!
Gab sein Gold
mir Macht ohne Maß,
nun zeug' sein Zauber
Tod dem, der ihn trägt!
Kein Froher soll
seiner sich freun,
keinem Glücklichen lache
sein lichter Glanz!
Wer ihn besitzt,
den sehre die Sorge,
und wer ihn nicht hat,
den nage der Neid!
Jeder giere
nach seinem Gut,
doch keiner genieße
mit Nutzen sein!
Ohne Wucher hüt ihn sein Herr;
doch den Würger zieh er ihm zu!

Dem Tode verfallen,
feßle den Feigen die Furcht:
so lang er lebt,
sterb er lechzend dahin,
des Ringes Herr
als des Ringes Knecht: –
bis in meiner Hand
den geraubten wieder ich halte! –
So segnet
in höchster Not
der Nibelung seinen Ring: –
behalt ihn nun,

Lachend.

hüte ihn wohl!

Grimmig.

Meinem Fluch fliehest du nicht!

Er verschwindet schnell in der Kluft. – Der dichte Nebelduft des Vordergrundes klärt sich allmählich auf.

LOGE.
Lauschtest du
seinem Liebesgruß?
WOTAN *in den Anblick des Ringes an seiner Hand versunken.*
Gönn ihm die geifernde Lust!

Es wird immer heller.

LOGE *nach rechts in die Szene blickend.*
Fasolt und Fafner
nahen von fern:
Freia führen sie her.

Aus dem sich immer mehr zerteilenden Nebel erscheinen Donner, Froh und Fricka und eilen dem Vordergrunde zu.

FROH.
Sie kehrten zurück!
DONNER.
Willkommen, Bruder! –
FRICKA *besorgt zu Wotan.*
Bringst du gute Kunde?
LOGE *auf den Hort deutend.*
Mit List und Gewalt
gelang das Werk:
dort liegt, was Freia löst.
DONNER.
Aus der Riesen Haft
naht dort die Holde.
FROH.
Wie liebliche Luft
wieder uns weht,
wonnig Gefühl
die Sinne erfüllt!
Traurig ging es uns Allen,
getrennt für immer von ihr,
die leidlos ewiger Jugend
jubelnde Lust uns verleiht.

Der Vordergrund ist wieder ganz hell geworden; das Aussehen der Götter gewinnt durch das Licht wieder die erste Frische: über dem Hintergrunde haftet jedoch noch der Nebelschleier, so daß die ferne Burg unsichtbar bleibt. Fasolt und Fafner treten auf, Freia zwischen sich führend.

FRICKA *eilt freudig auf die Schwester zu.*
Lieblichste Schwester,
süßeste Lust!
Bist du mir wieder gewonnen?
FASOLT *ihr wehrend.*
Halt! Nicht sie berührt!
Noch gehört sie uns. –
Auf Riesenheims
ragender Mark
rasteten wir;
mit treuem Mut
des Vertrages Pfand
pflegten wir.
So sehr mich's reut,
zurück doch bring ich's,
erlegt uns Brüdern
die Lösung ihr.
WOTAN.
Bereit liegt die Lösung:
des Goldes Maß
sei nun gütlich gemessen.
FASOLT.
Das Weib zu missen,
wisse, gemutet mich weh:
soll aus dem Sinn sie mir schwinden,
des Geschmeides Hort
häufet denn so,
daß meinem Blick
die Blühende ganz er verdeck!

WOTAN.
So stellt das Maß
nach Freias Gestalt!

Freia wird von den beiden Riesen in die Mitte gestellt. Darauf stoßen sie ihre Pfähle zu Freias beiden Seiten so in den Boden, daß sie gleiche Höhe und Breite mit ihrer Gestalt messen.

FAFNER.
Gepflanzt sind die Pfähle
nach Pfandes Maß;
gehäuft nun füll es der Hort!
WOTAN.
Eilt mit dem Werk:
widerlich ist mir's!
LOGE.
Hilf mir, Froh!
FROH.
Freias Schmach
eil ich zu enden.

Loge und Froh häufen hastig zwischen den Pfählen das Geschmeide.

FAFNER.
Nicht so leicht
und locker gefügt!

Mit roher Kraft drückt er die Geschmeide dicht zusammen.

Fest und dicht
füllt er das Maß!

Er beugt sich, um nach Lücken zu spähen.

Hier lug' ich noch durch:
verstopft mir die Lücken!
LOGE.
Zurück, du Grober!
FAFNER.
Hierher!
LOGE.
Greif mir nichts an!
FAFNER.
Hierher! Die Klinze verklemmt!
WOTAN *unmutig sich abwendend.*
Tief in der Brust
brennt mir die Schmach!
FRICKA.
Sieh, wie in Scham
schmählich die Edle steht:
um Erlösung fleht
stumm der leidende Blick.
Böser Mann!
Der Minnigen botest du das!
FAFNER.
Noch mehr! Noch mehr hieher!
DONNER.
Kaum halt ich mich,
schäumende Wut
weckt mir der schamlose Wicht! –
Hieher, du Hund!
Willst du messen,
so miß dich selber mit mir!

FAFNER.
Ruhig, Donner!
Rolle, wo's taugt:
hier nützt dein Rasseln dir nichts.
DONNER *ausholend.*
Nicht dich Schmähl'chen zu zerschmettern?
WOTAN.
Friede doch! –
Schon dünkt mich Freia verdeckt.
LOGE.
Der Hort ging auf.
FAFNER *mißt den Hort genau mit dem Blick und späht nach Lücken.*
Noch schimmert mir Holdas Haar: –
dort das Gewirk
wirf auf den Hort!
LOGE.
Wie? Auch den Helm?
FAFNER.
Hurtig, her mit ihm!
WOTAN.
Laß ihn denn fahren!
LOGE *wirft auch den Tarnhelm auf den Hort.*
So sind wir denn fertig!
Seid ihr zufrieden?
FASOLT.
Freia, die schöne,
schau ich nicht mehr: –
so ist sie gelöst?
Muß ich sie lassen?

Er tritt nahe hinzu und späht durch den Hort.

Weh! noch blitzt
ihr Blick zu mir her;
des Auges Stern
strahlt mich noch an;
durch eine Spalte
muß ich's erspähn. –

Außer sich.

Seh ich dies wonnige Auge,
von dem Weibe laß ich nicht ab!
FAFNER.
He! Euch rat ich,
verstopft mir die Ritze!
LOGE.
Nimmer-Satte!
Seht ihr denn nicht,
ganz schwand uns der Hort?
FAFNER.
Mitnichten, Freund!
An Wotans Finger
glänzt von Gold noch ein Ring:
den gebt, die Ritze zu füllen!
WOTAN.
Wie? diesen Ring?
LOGE.
Laßt euch raten!
Den Rheintöchtern
gehört dies Gold;
ihnen gibt Wotan es wieder.
WOTAN.
Was schwatzest du da?

Was schwer ich mir erbeutet,
ohne Bangen wahr ich's für mich!
LOGE.
Schlimm dann steht's
um mein Versprechen,
das ich den Klagenden gab!
WOTAN.
Dein Versprechen bindet mich nicht:
als Beute bleibt mir der Reif.
FAFNER.
Doch hier zur Lösung
mußt du ihn legen.
WOTAN.
Fordert frech, was ihr wollt,
alles gewähr ich;
um alle Welt
doch nicht fahren laß ich den Ring!
FASOLT *zieht wütend Freia hinter dem Horte hervor.*
Aus dann ist's!
Beim alten bleibt's;
nun folgt uns Freia für immer!
FREIA.
Hilfe! Hilfe!
FRICKA.
Harter Gott
Gib ihnen nach!
FROH.
Spare das Gold nicht!
DONNER.
Spende den Ring doch!
WOTAN.
Laßt mich in Ruh:

den Reif geb ich nicht!

Fafner hält den fortdrängenden Fasolt noch auf; Alle stehen bestürzt. Wotan wendet sich zürnend zur Seite. Die Bühne hat sich von neuem verfinstert. Aus der Felskluft zur Seite bricht ein bläulicher Schein hervor: in ihm wird plötzlich Erda sichtbar, die bis zu halber Leibeshöhe aus der Tiefe aufsteigt; sie ist von edler Gestalt, weithin von schwarzem Haar umwallt.

ERDA *die Hand mahnend gegen Wotan ausstreckend.*
Weiche, Wotan! Weiche!
Flieh des Ringes Fluch!
Rettungslos
dunklem Verderben
weiht dich sein Gewinn.
WOTAN.
Wer bist du, mahnendes Weib?
ERDA.
Wie alles war – weiß ich;
wie alles wird,
wie alles sein wird –
seh ich auch:
der ew'gen Welt
Urwala,
Erda mahnt deinen Mut. –
Drei der Töchter,
urerschaff'ne,
gebar mein Schoß;
was ich sehe,
sagen dir nächtlich die Nornen.
Doch höchste Gefahr
führt mich heut

selbst zu dir her.
Höre! Höre! Höre
Alles, was ist, – endet!
Ein düst'rer Tag
dämmert den Göttern: –
dir rat ich, meide den Ring!

Erda versinkt langsam bis an die Brust, während der bläuliche Schein zu dunkeln beginnt.

WOTAN.
Geheimnis-hehr
halt mir dein Wort: –
weile, daß mehr ich wisse!
ERDA *im Versinken.*
Ich warnte dich;
du weißt genug:
sinn in Sorg und Furcht!

Sie verschwindet gänzlich.

WOTAN.
Soll ich sorgen und fürchten, –
dich muß ich fassen,
alles erfahren!

Wotan will der Verschwindenden in die Kluft nach, um sie zu halten; Froh und Fricka werfen sich ihm entgegen und halten ihn zurück.

FRICKA.
Was willst du, Wütender?

FROH.
Halt ein, Wotan!
Scheue die Edle,
achte ihr Wort!

Wotan starrt sinnend vor sich hin.

DONNER *sich entschlossen zu den Riesen wendend.*
Hört, ihr Riesen!
Zurück, und harret!
Das Gold wird euch gegeben.
FREIA.
Darf ich es hoffen?
Dünkt euch Holda
wirklich der Lösung wert?

Alle blicken gespannt auf Wotan; dieser, nach tiefem Sinnen zu sich kommend, erfaßt seinen Speer und schwenkt ihn, wie zum Zeichen eines mutigen Entschlusses.

WOTAN.
Zu mir, Freia!
Du bist befreit.
Wieder gekauft
kehr uns die Jugend zurück! –
Ihr Riesen, nehmt euren Ring!

Er wirft den Ring auf den Hort. – Die Riesen lassen Freia los: sie eilt freudig auf die Götter zu, die sie abwechselnd längere Zeit in höchster Freude liebkosen. – Fafner hat sogleich einen ungeheuren Sack ausgebreitet und macht sich über den Hort her, um ihn da hineinzuschichten.

FASOLT *zu Fafner.*
Halt, du Gieriger!
Gönne mir auch was!
Redliche Teilung
taugt uns beiden.
FAFNER.
Mehr an der Maid als am Gold
lag dir verliebtem Geck!
Mit Müh zum Tausch
vermocht ich dich Toren;
ohne zu teilen
hättest du Freia gefreit:
teil ich den Hort,
billig behalt ich
die größte Hälfte für mich!
FASOLT.
Schändlicher du!
Mir diesen Schimpf? –

Zu den Göttern.

Euch ruf ich zu Richtern:
teilet nach Recht
uns redlich den Hort!

Wotan wendet sich verächtlich ab.

LOGE.
Den Hort laß ihn raffen;
halte du nur auf den Ring!
FASOLT *stürzt sich auf Fafner, der immerzu eingesackt hat.*
Zurück! Du Frecher!

Mein ist der Ring;
mir blieb er für Freias Blick!

Er greift hastig nach dem Ring: sie ringen.

FAFNER.
Fort mit der Faust!
Der Ring ist mein!

Fasolt entreißt Fafner den Ring.

FASOLT.
Ich halt ihn, mir gehört er!
FAFNER *mit seinem Pfahle ausholend.*
Halt ihn fest, daß er nicht fall!

Er streckt Fasolt mit einem Streiche zu Boden; dem Sterbenden entreißt er dann hastig den Ring.

Nun blinzle nach Freias Blick!
An den Reif rührst du nicht mehr!

Er steckt den Ring in den Sack und rafft dann gemächlich den Hort vollends ein. Alle Götter stehen entsetzt: feierliches Schweigen.

WOTAN *erschüttert.*
Furchtbar nun
erfind ich des Fluches Kraft! –
LOGE.
Was gleicht, Wotan,
wohl deinem Glücke?
Viel erwarb dir

des Ringes Gewinn;
daß er nun dir genommen,
nützt dir noch mehr:
deine Feinde – sieh! –
fällen sich selbst –
um das Gold, das du vergabst.
WOTAN.
Wie doch Bangen mich bindet!
Sorg und Furcht
fesseln den Sinn –
wie sie zu enden,
lehre mich Erda: –
zu ihr muß ich hinab!
FRICKA *schmeichelnd sich an ihn schmiegend.*
Wo weilst du, Wotan?
Winkt dir nicht hold
die hehre Burg,
die des Gebieters
gastlich bergend nun harrt?
WOTAN *düster.*
Mit bösem Zoll
zahlt ich den Bau!
DONNER *auf den Hintergrund deutend, der noch in Nebel gehüllt ist.*
Schwüles Gedünst
schwebt in der Luft; –
lästig ist mir
der trübe Druck!
Das bleiche Gewölk
samml' ich zu blitzendem Wetter;
das fegt den Himmel mir hell!

Donner besteigt einen hohen Felsstein am Talabhange und schwingt dort seinen Hammer; mit dem Folgenden ziehen die Nebel sich um ihn zusammen.

Heda! Heda! Hedo!
Zu mir, du Gedüft!
Ihr Dünste zu mir!
Donner der Herr,
ruft euch zu Heer!

Er schwingt den Hammer.

Auf des Hammers Schwung
schwebet herbei!
Dunstig Gedämpf!
Schwebend Gedüft!
Donner, der Herr, ruft euch zu Heer!
Heda! Heda! Hedo!

Donner verschwindet völlig in einer immer finsterer sich ballenden Gewitterwolke. Man hört Donners Hammerschlag schwer auf den Felsstein fallen. Ein starker Blitz entfährt der Wolke; ein heftiger Donnerschlag folgt. Froh ist mit im Gewölk verschwunden.

DONNER *unsichtbar.*
Bruder, hieher!
Weise der Brücke den Weg!

Plötzlich verzieht sich die Wolke; Donner und Froh werden sichtbar: von ihren Füßen aus zieht sich, mit blendendem Leuchten, eine Regenbogenbrücke über das Tal hinüber bis zur Burg, die jetzt im Glanze der Abendsonne strahlt. Fafner, der neben der Leiche seines Bruders endlich den ganzen Hort eingerafft, hat, den ungeheuren Sack auf dem Rücken, während Donners Gewitterzauber die Bühne verlassen.

FROH *der der Brücke mit der ausgestreckten Hand den Weg über das Tal angewiesen, zu den Göttern.*
Zur Burg führt die Brücke.
leicht, doch fest eurem Fuß:
beschreitet kühn
ihren schrecklosen Pfad!

Wotan und die andern Götter sind sprachlos in den prächtigen Anblick verloren.

WOTAN.
Abendlich strahlt
der Sonne Auge;
in prächtiger Glut
prangt glänzend die Burg.
In des Morgens Scheine
mutig erschimmernd
lag sie herrenlos,
hehr verlockend vor mir. –
Von Morgen bis Abend,
in Müh' und Angst
nicht wonnig ward sie gewonnen!
Es naht die Nacht –:
vor ihrem Neid
biete sie Bergung nun.

Wie von einem großen Gedanken ergriffen, sehr entschlossen.

So grüß ich die Burg,

sicher vor Bang' und Grau'n! –

Er wendet sich feierlich zu Fricka.

Folge mir, Frau!
In Walhall wohne mit mir!
FRICKA.
Was deutet der Name?
Nie, dünkt mich, hört ich ihn nennen.
WOTAN.
Was mächtig der Furcht
mein Mut mir erfand,
wenn siegend es lebt,
leg es den Sinn dir dar.

Er faßt Fricka an der Hand und schreitet mit ihr langsam der Brücke zu; Froh, Freia und Donner folgen.

LOGE *im Vordergrunde verharrend und den Göttern nachblickend.*
Ihrem Ende eilen sie zu,
die so stark im Bestehen sich wähnen. –
Fast schäm ich mich
mit ihnen zu schaffen;
zur leckenden Lohe
mich wieder zu wandeln,
spür ich lockende Lust:
sie aufzuzehren,
die einst mich gezähmt,
statt mit den Blinden
blöd zu vergehn,
und wären es göttlichste Götter! –
Nicht dumm dünkte mich das!

Bedenken will ich's: –
wer weiß, was ich tu'!

Er geht, um sich den Göttern in nachlässiger Haltung anzuschließen.

DIE DREI RHEINTÖCHTER *in der Tiefe des Tales, unsichtbar.*
Rheingold! Rheingold!
Reines Gold!
Wie lauter und hell
leuchtetest hold du uns!
Um dich, du klares,
wir nun klagen:
gebt uns das Gold,
gebt uns das Gold!
O gebt uns das reine zurück!
WOTAN *im Begriff, den Fuß auf die Brücke zu setzen, hält an und wendet sich um.*
Welch Klagen dringt zu mir her?
LOGE *späht in das Tal hinab.*
Des Rheines Kinder
beklagen des Goldes Raub.
WOTAN.
Verwünschte Nicker! –

Zu Loge.

Wehre ihrem Geneck!
LOGE *in das Tal hinabrufend.*
Ihr da im Wasser!
Was weint ihr herauf?
Hört, was Wotan euch wünscht: –
glänzt nicht mehr

euch Mädchen das Gold,
in der Götter neuem Glanze
sonnt euch selig fortan!

Die Götter lachen und beschreiten mit dem Folgenden die Brücke.

DIE RHEINTÖCHTER.
Rheingold! Rheingold!
Reines Gold!
O leuchtete noch
in der Tiefe dein laut'rer Tand!
Traulich und treu
ist's nur in der Tiefe:
falsch und feig
ist, was dort oben sich freut!

Während die Götter auf der Brücke der Burg zuschreiten, fällt der Vorhang.

Also Available from JiaHu Books

Orfeo ed Euridice/Orphée et Eurydice (Italian and French) - 9781784350147

Die Zauberflöte (German) -9781784350130

Queen of Spades (Russian) – 9781909669918

Boris Godunov (Russian) -9781909669376

Evgeniy Onegin (Russian) – 9781909669741

www.ingramcontent.com/pod-product-compliance
Lightning Source LLC
Chambersburg PA
CBHW031411040426
42444CB00005B/519